¿CÓMO ES EL DÍA DE LOS TRABAJADORES DE LA CONSTRUCCIÓN?

Emily Mahoney

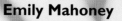

Gareth Stevens
PUBLISHING

TRADUCIDO POR
NATZI VILCHIS

T0014566

Please visit our website, www.garethstevens.com. For a free color catalog of all our high-quality books, call toll free 1-800-542-2595 or fax 1-877-542-2596.

Library of Congress Cataloging-in-Publication Data

Names: Mahoney, Emily Jankowski, author.
Title: ¿Cómo es el día de los trabajadores de la construcción? / Emily Mahoney.
Description: New York : Gareth Stevens Publishing, [2021] | Series: ¿A qué se dedican? | Includes index.
Identifiers: LCCN 2019050750 | ISBN 9781538261057 (library binding) | ISBN
    9781538261033 (paperback) | ISBN 9781538261040 (6 Pack) | ISBN 9781538261064 (ebook)
Subjects: LCSH: Construction workers–Juvenile literature.
Classification: LCC HD8039.B89 M34 2021 | DDC 624.023–dc23
LC record available at https://lccn.loc.gov/2019050750

Published in 2021 by
Gareth Stevens Publishing
111 East 14th Street, Suite 349
New York, NY 10003

Translator: Natzi Vilchis
Editor, Spanish: Rossana Zúñiga
Designer: Laura Bowen

Photo credits: Series art Dima Polies/Shutterstock.com; cover, p. 1 FotoAndalucia/ Shutterstock.com; p. 5 Xinhua News Agency/Contributor/Xinhua News Agency/Getty Images; p. 7 Andersen Ross/The Image Bank/Getty Images Plus/Getty Images; p. 9 xavierarnau/E+/ Getty Images; p. 11 LivingImages/E+/Getty Images; p. 13 FatCamera/E+/Getty Images; p. 15 Joseph Sohm/Corbis NX/Getty Images Plus/Getty Images; p. 17 Adina Tovy/robertharding/ Getty Images Plus; p. 19 Jeff Greenberg/Contributor/Universal Images Group/Getty Images; p. 21 kali9/E+/Getty Images.

Printed in the United States of America

Some of the images in this book illustrate individuals who are models. The depictions do not imply actual situations or events.

CPSIA compliance information: Batch #CS20GS: For further information contact Gareth Stevens, New York, New York, at 1-800-542-2595.

Find us on

CONTENIDO

Las palabras del glosario se muestran en **negrita** la primera vez que aparecen en el texto.

Un trabajo importante

Cualquier edificio en el que hayas estado o alguna calle por la que hayas caminado, ¡no existiría sin los trabajadores de la construcción! El día de un trabajador de la construcción es divertido, pero puede ser peligroso o inseguro. ¡Sigue leyendo para saber qué hacen los trabajadores de la construcción todo el día!

Organizar el trabajo

Lo primero que debe hacer un trabajador de la construcción es conocer sobre el proyecto en el que se está trabajando. El **supervisor de obra** se reúne con los trabajadores para comentarles sobre el trabajo. Le indica a cada trabajador la parte del trabajo de la que será **responsable**. Cada miembro del equipo debe completar su parte del trabajo.

Iniciar el trabajo

Cuando un trabajador de la construcción llega a la obra, ¡hay mucho por hacer! A veces, se necesita limpiar el lugar de trabajo: remover **escombros** o basura antes de empezar a trabajar. Una vez que el lugar está despejado, todos los **materiales** de construcción deben ser descargados, por lo general de un camión de provisiones.

Una vez que el lugar está preparado, ¡la construcción puede comenzar! Los trabajadores de la construcción pueden hacer trabajos como verter hormigón. Ellos instalan los **andamios** para ayudar con la construcción. Ayudan a pintores, electricistas u otras personas con sus trabajos ¡Incluso pueden ayudar a levantar paredes para un edificio!

Trabajar en carreteras

Algunos trabajadores de la construcción son responsables de arreglar o hacer carreteras. En este caso, los trabajadores a veces necesitan dirigir el **tráfico** o colocar señales de tránsito antes de comenzar. Deben asegurarse de que todos en el lugar de trabajo, incluyendo las personas que conducen sus autos, permanezcan a salvo.

El trabajo en las carreteras abarca muchas tareas. Algo que los trabajadores de la construcción pueden hacer es cavar espacio para hacer nuevas carreteras. También ayudan a **operar** máquinas y pueden poner asfalto, o material de lo que está hecha la carretera. Además, colocan **barreras** de hormigón y ayudan a pintar líneas en las nuevas carreteras.

Construir Puentes

A veces el trabajo en carretera implica hacer o arreglar puentes. En ese caso, los trabajadores que se **especializan** en diferentes áreas, como el concreto, acuden en ayuda de los trabajadores de la construcción. Es especialmente importante asegurarse de que el puente puede sostener el peso de los vehículos ¡que pasarán sobre él!

Hora de limpiar

Una vez finalizado el proyecto, aún queda trabajo por hacer. Los trabajadores de la construcción son responsables de limpiar su lugar de trabajo. Deben verificar de que todo es seguro antes de que las personas comiencen a usar la nueva carretera o edificio. Quieren que el proyecto se vea de lo mejor pues ¡han trabajado mucho en él!

Producto terminado

La labor de un trabajador de construcción puede ser pesada, pero se sienten bien cuando se han terminado. Desde la reparación de carreteras hasta la construcción de un edificio, cada día en la vida de un trabajador de la construcción podría verse diferente. Pero, trabajar con otros para terminar un proyecto ¡es un trabajo divertido!

GLOSARIO

andamios: estructura, de postes metálicos y tablas, utilizada durante la construcción.

barrera: algo que dificulta el paso.

escombros: los restos de algo que se ha roto.

especializar: ser bueno en una cosa específica.

material: materia de la que está hecha algo.

operar: usar y controlar algo.

responsable: persona a quien se asigna el trabajo o el deber de cuidar de algo o alguien.

supervisor de obra: alguien que administra a los trabajadores de la construcción en un lugar de trabajo.

tráfico: todos los vehículos, como automóviles y camiones, que se desplazan por una carretera.

PARA MÁS INFORMACIÓN

LIBROS

Ng, Yvonne. *They're Tearing Up Mulberry Street.* Mankato, MN: Amicus, 2021.

Schuh, Mari C. *All About Construction Workers.* Minneapolis, MN: Lerner Publications, 2021.

SITIOS DE INTERNET

Architecture, Building & Construction Links for Kids
www.b4ubuild.com/kids/kidlinks.html
Este sitio tiene información interesante sobre algunas de las estructuras más impresionantes que se han construido, como la torre Space Needle.

Engineering Games
pbskids.org/games/engineering/
Puedes aprender acerca de ingeniería y participar en divertidos juegos en este sitio de Internet PBS.

Nota del editor a los educadores y padres: nuestro personal especializado ha revisado cuidadosamente estos sitios de Internet para asegurarse de que son apropiados para los estudiantes. Sin embargo, muchos de ellos cambian con frecuencia, por lo que no podemos garantizar que contenidos que se suban a esas páginas posteriormente cumplan con nuestros estándares de calidad y valor educativo. Les recomendamos que hagan un seguimiento a los estudiantes cuando accedan a Internet.

ÍNDICE